AF348206

LE SOUPER D'HENRI IV,

OU

LE LABOUREUR

DEVENU GENTILHOMME.

FAIT HISTORIQUE,

EN UN ACTE ET EN PROSE;

Représenté sur le Théâtre de MONSIEUR, le 12 Octobre 1789.

Par MM. BOUTILLIER & DESPREZ DE WALMONT.

A PARIS.

1789.

A

TOUS LES BONS FRANÇOIS.

Au plus grand des Bourbons quand nous rendons hommage,
De vos yeux attendris on voit couler des pleurs,
Et nous fentons combien il eft doux pour vos cœurs
De pouvoir l'adorer dans fa vivante image.

BOUTILLIER & DESPREZ DE WALMONT.

AVERTISSEMENT

DE L'UN DES AUTEURS (1).

IL y a environ six semaines que M. Paillardelle, Acteur du Théâtre de MONSIEUR, me remit un Opéra en un acte, imprimé en 1771, ayant pour titre : *Le Laboureur devenu Gentilhomme*, qu'il tenoit de M. Crêtu, Acteur du même Théâtre. Il me dit que, si je croyois pouvoir en faire une Comédie, l'Auteur (M. Boutillier) m'en laissoit la liberté (2).

Je lus, en effet l'Opéra, & j'en trouvai le fond si précieux, que je n'hésitai point à le traiter en Comédie.

Séduit par le grand nom d'Henri IV, je n'apperçus pas d'abord les deux écueils contre lesquels ma barque pouvoit se briser ; & ce ne fut qu'après un moment de

(1) M. Desprez de Walmont.
(2) M. Boutillier est Auteur de Mirtil & Licoris, joué à l'Opéra ; d'Euthime & Lyris, d'Alain & Rosette, & de différentes petites Pieces jouées en Province ; en outre de deux Pieces reçues, l'une à la Comédie françoise, & l'autre à la Comédie italienne, & de différens Recueils de Poésies.

réflexion , que je découvris , d'un côté , *la Partie de chaffe d'Henri IV*, & de l'autre, *la Bataille d'Ivri.* La premiere me fit trembler , & penfa me faire abandonner mon projet ; la feconde, en me préfentant les mêmes obftacles , me détermina cependant à le pourfuivre , bien fûr que ceux qui fe donneront la peine de lire l'Opéra de M. Boutillier , imprimé en 1771 , & celui de M. de Rozoi, imprimé en 1774 , verront aifément quel eft l'aîné de la famille (1). Après avoir parfaitement diftingué ces deux écueils, je pris toutes mes précautions pour paffer au milieu , fans les heurter : une partie du Public a daigné me faire entendre que j'y avois réuffi ; mais comme l'autre n'eft fûrement pas de cet avis , je me crois, en confcience, obligé de lui dire *qu'un nageur , tremblant à chaque inftant de fe noyer , auroit tort de ne pas s'accrocher à tout ce qui peut le fouftraire à la mort.*

Je faifis avec empreffement l'occafion de

____

(1) Pour éviter qn'on me foupçonne ici de partialité, je crois néceffaire d'obferver que je n'ai eu l'honneur de voir M. Boutiller , la premiere fois de ina vie , qu'aux répétitions de la Pièce, & qu'il ne m'étoit connu , avant ce tems , que comme homme de Letrres.

rendre ici à M. Paillardelle le tribut que
je lui dois.

Cet Acteur, au-deſſus de mes éloges,
& en poſſeſſion de ceux du Public, a
bien voulu diriger mon ouvrage, & partager les ſoins qu'il exigeoit.

Le Public a daigné nous accorder le
prix de nos travaux, en criant *vive le
Roi*, au moment où les acteurs boivent
à ſa ſanté : nous n'oublierons jamais cet
intéreſſant tableau ; & ſi nous ne lui en
procurons pas quelque jour d'auſſi agréa-
ble, ce ne ſera jamais la faute de notre
cœur.

Nous devons auſſi de la reconnoiſſance
aux Acteurs & Actrices qui ont rendu
cet Ouvrage, & nous la leur témoignons
avec d'autant plus de plaiſir, qu'ils l'ont
appris & joué en cinq jours.

PERSONNAGES.

ACTEURS.

HENRI IV , Roi de France ,	*M. Crétu.*
Le Maréchal DE BIRON ,	*M. Chevalier.*
DE SANCI , Colonel des Suisses ,	*M. Dalainval.*
MAURICE , Officier de l'ar- mée de Henri ,	*M. Berville.*
Mde. MAURICE , sa femme ,	*Mde. Lavigne*
LAURENCE , leur fille ,	*Mlle. Jossey.*
GUILLAUME , riche Laboureur ,	*M. Paillardelle.*
CHARLES , son fils ,	*M. Montgautier.*
GARÇONS au service de Guillaume.	

La Scene se passe chez M. Maurice, dans un Bourg
voisin d'Alençon.

LE
SOUPER D'HENRI IV,
COMÉDIE.

SCENE PREMIERE.

Le Théâtre repréſente un Appartement décemment meublé. On voit, dans le fond, une grande porte de communication, pluſieurs chaiſes çà & là, & deux lumieres ſur une table.

LAURENCE.

IL faut donc renoncer à mon amant, à Charles, à mon cher Charles? Ah! quand il verra cette lettre, cette fatale lettre que mon pere nous a écrite, il n'y ſurvivra pas. Non..... il ne pourra jamais... J'entends ma mere... Cachons-lui, s'il ſe peut, mes larmes & ma douleur.

A

SCENE II.

LAURENCE Mde. MAURICE.

Mde. MAURICE.

Sais-tu bien, Laurence, que nous n'avons rien ici pour souper ?

LAURENCE.

Je le sais bien, Maman ; mais ayant bien dîné, nous ferons comme nous pourrons pour ce soir.

Mde. MAURICE.

Si j'eusse pensé qu'il seroit fête aujourd'hui, j'aurois envoyé à Alençon : mais, comme tu dis, pour ce soir.…. C'est cette lettre de ton pere, qui m'a tout bouleversé la tête.

LAURENCE, *à part.*

Je le crois… Cette lettre est bien cruelle.

Mde. MAURICE.

Mais qu'as-tu, mon enfant ? Tu n'es pas tranquille.

LAURENCE.

Je fais ce que je puis…

Mde. MAURICE.

Pour paroître telle … Ma fille, ne suis-je plus ton amie?

LAURENCE.

Vous n'avez jamais ceſſé de l'être.

Mde. MAURICE.

Eh bien , ma chere Laurence , confie -moi tes chagrins.

LAURENCE.

Il eſt ſept heures ſonnées , & Charles n'eſt pas encore ici ; je tremble que mon pere ne lui ait écrit de ne plus revenir.

Mde. MAURICE.

Si cela eſt , ma fille , il faudra bien obéir : ton pere, tu le ſais ...

LAURENCE *l'embraſſant.*

Ah, ma chere maman ! Charles & moi avons été élevés ſous vos yeux ; notre amour s'eſt formé , s'eſt accru avec l'âge ...

Mde. MAURICE, *à part.*

Voilà ce que nous aurions dû prévoir.

LAURENCE *vivement.*

En m'attachant à lui dans cet âge innocent, où l'on ne connoît d'autre plaiſir que celui de ſe voir, d'autre ſentiment que celui de s'aimer, je ne voyois que Charles ; j'ignorois qu'il étoit des rangs , des dignités à conſerver , & que, pour ſoutenir la nobleſſe de ſon nom , il falloit quitter ce qu'on aime , pour épouſer celui qu'on n'aimoit pas .... Eh ! pourquoi mon pere , qui sembloit approuver nos sentimens, me défend il à présent de parler à Charles?... C'est le fils de M. Guillaume, notre voisin......

Mde. MAURICE.

Qui n'est qu'un riche Laboureur.

LAURENCE *vivement.*

Oui: mais c'est un honnête homme, qui nous a rendu bien des services, qui a fourni à mon pere de quoi suivre honorablement notre bon Roi à la guerre.

Mde. MAURICE.

Sans doute.

LAURENCE.

Et son fils, qui a sauvé la vie à mon pere; & qui dans tous les tems....

Mde. MAURICE.

Charles est un brave garçon, sage, honnête, vertueux.

LAURENCE.

Et l'on me défend de l'aimer?

Mde. MAURICE.

Que veux-tu?... Il faut tout dire aussi, ma fille; il y a une furieuse distance entre le pere de Charles & le tien, M. Maurice est un Officier fidélement attaché au parti de Henri, de qui, plus d'une fois, il s'est fait remarquer par son zele & par sa valeur.

LAURENCE.

Oh, maman ! quand verrons-nous ce brave Roi, ce bon Henri ?

Mde. MAURICE.

Quelque jour, ma fille, nous le verrons tranquille sur ce trône où nos cœurs l'ont déjà placé. C'est moi qui te le dis.... Alors combien d'honneurs vont suivre M. Maurice !

LAURENCE *vivement.*

Est-ce qu'au milieu de tous ces honneurs, il pourroit me sacrifier à ?... (*On frappe.*) Mais on a frappé ; le cœur me bat..... Je gagerois que c'est Charles (*Elle court ouvrir.*)

Mde. MAURICE, *à part.*

Cette chere enfant, que je la plains !

LAURENCE *accourant avec joie.*

Maman, c'est Charles.

SCENE III.

Les Précédens, CHARLES.

CHARLES. (*Il les embrasse toutes deux.*)

C'EST moi, ma chere Laurence ; serviteur, Madame Maurice.

LE SOUPER

Mde. MAURICE.

Bon soir, mon garçon. Comment va la santé?

CHARLES.

Toujours bonne, Dieu merci ; & disposé à vous servir. J'aime bien, je me porte bien, & je travaille de même. Oh ! laissez faire, quand je serai votre gendre....

LAURENCE, *à part.*

Il ne sait pas.... Tant mieux !

Mde. MAURICE *embarrassée.*

Il n'y a pas d'apparence que ce soit encore si-tôt, mon ami.

CHARLES.

Je sais bien qu'il faut attendre M. Maurice, & je ne murmure pas tout-à-fait de ce délai... mais, dès qu'il sera revenu.... Laurence ne me dit rien ?

LAURENCE, *avec humeur.*

Quelle heure est-il ?

CHARLES.

Ah ! tu me boudes, je le vois ; mais quand tu sauras pourquoi j'ai tant tardé, tu n'auras plus envie de me quereller, j'en suis sûr.

LAURENCE.

Pourquoi donc ?

CHARLES.

Ayant entendu dire qu'il doit fe donner une grande bataille dans les plaines d'Ivri, j'ai couru vîte jufqu'à la ville pour m'en informer, & favoir par moi-même s'il n'étoit pas furvenu quelqu'accident à notre bon Roi Henri. . . . Eh bien ; boudes-tu encore à préfent ?

LAURENCE,

Au contraire.

Mde. MAURICE.

Ce zele pour ton Prince, mon ami, te fait honneur.

CHARLES.

Je ne cherche pas à m'en faire un mérite ; c'eft le cœur qui me guide, Madame Maurice : il ne faut qu'être bon François pour penfer de même. Mordienne ! pourquoi mon pere ne m'a-t-il appris qu'à labourer la terre ?

Mde. MAURICE,

On ne doit point rougir de fon état, lorfqu'il eft honnête & qu'on le remplit dignement.

CHARLES.

Je n'en rougis point ; mais j'étois né, je crois, pour un autre ufage. Il me femble que je me fignalerois bien fous les yeux de votre époux, Madame Maurice, & que j'aurois bien du courage pour me battre contre ces vilains Ligueurs qui tendent des pieges à notre bon Roi. Oh, mordienne !

LE SOUPER.

LAURENCE.

Charles, si tu allois à l'armée, tu t'exposerois trop.

CHARLES *vivement*

Eh ! quel est le soldat qui ne s'exposeroit pas volontiers à la mort, en voyant son Roi combattre à ses côtés ? Je me ferois plutôt couper en mille morceaux, que de l'abandonner. Oh, oh !...

Mde. MAURICE.

Le brave garçon ! quel cœur !

CHARLES.

A propos, j'oubliois de vous dire que j'ai trouvé dans ma route plusieurs Officiers qui viennent par ici.

LAURENCE *vivement.*

Des Officiers, Charles ? Et si c'étoit...

CHARLES.

Ton pere ? Oh ! je l'aurois bien reconnu.

Mde. MAURICE, *à part.*

Je ne sais comment lui montrer cette lettre. (*Elle fait plusieurs signes à sa fille.*) Il le faut pourtant. (*Haut.*) Tiens, Charles... Je vais t'affliger.

CHARLES *étonné.*

Quoi ! Qu'est-ce donc ?

LAURENCE *embarrassée.*

Charles... cette lettre... mon pere...

C H A R L E S *agité.*

Eh bien , cette lettre ?.,.. Ton pere?.....
Seroit-il mort ? Tu m'effraies.

Mde. M A U R I C E.

Non, mon ami ; mais tiens , lis , tu verras.,.
Je ne puis t'en dire davantage.

(Pendant qu'il lit.)

L A U R E N C E *à fa mere.*

Ah , ma tendre mere ! vous lui portez-là le
coup le plus fenfible.... Je n'ofe prefque plus
le regarder.

*(Charles , après avoir lu , refte abforbé par la dou-
leur).*

S C E N E I V.

Les Précédens, GUILLAUME.

G U I L L A U M E.

Bon foir, voifcine, bon foir, mes enfans.

Mde. M A U R I C E *étonnée.*

Comment ! la porte étoit donc ouverte ?

G U I L L A U M E *riant.*

Il le faut bien , morguenne ! Je n' fommes
pus d'âge à paffer par la f'nete.

Mde. MAURICE.

C'eſt donc toi, Charles ?

CHARLES *très-triſtement.*

Oui, Madame, je vous en fais bien mes ex‑
cuſes.... Bon ſoir, mon pere.... Ciel !

Mde. MAURICE *à Charles.*

Ce n'eſt pas notre faute, mon garçon.

GUILLAUME, *après les avoir examinés.*

Quoiqu' c'eſt donc ça , ma voiſeine ? Vote
fille pleure, not' fils ſe plains, & vous êtes là
itou à les regarder d'un air d'attendriſſement ?
Eſt-ce qu'ou z'avais du chagrin ? Pas de ça ,
morgué ! Ça ne vaut rian, ça maigrit. De la
joie , voiſeine , & réjouiſſons-nous. J' venons
vous inviter toutes les deux à ſouper ce ſoir
cheuz nous.

Mde. MAURICE.

Mon cher voiſin, je vous ſuis bien obligée:
nous ne ſommes guères en état toutes deux...

GUILLAUME.

Oh ! où viendrais : j'ons fait mettre à la broche
eune bonne dinde graſſe ; faut en venir manger
vote part.

Mde. MAURICE.

Nous ne devions pas ſouper ; car nous n'a‑
vions rien.

GUILLAUME.

Tant mieux! ça viant à marveille! Vous ferez des nôtes, & pus de tristesse, au moins;
ça ne vaut pas le guiable.

LAURENCE.

Quand vous saurez, M. Guillaume....

GUILLAUME.

Oh! je n' sommes pas si prompt à m'affliger que
vous autres, moi, & ça, parce que j' savons
qui gnia du remede à tout.... Eh! Charles,
est-ce que t'es fâché que j'invitions ces dames?

CHARLES *en pleurant.*

Non, mon pere, tant s'en faut; mais si vous
n'avez pitié de mon amour, vous n'aurez bientôt plus de fils.

GUILLAUME.

Queuque tu dis donc là?

CHARLES.

M. Maurice....Je ne puis achever....lisez.

(Il lui remet la lettre).

GUILLAUME.

Voyons. (*Il lit*).

« Ma femme, Je vous donne avis que, de-
» puis quelque tems, je suis lié d'amitié avec
» un Gentilhomme de mon régiment, brave
» Officier, fidele autant que moi au grand Henri.

(*Il ôte son chapeau toutes les fois qu'il prononce le nom de Henri*). Au grand Henri.... Jusques-là je n' voyons pas de qui se désespérer.

Mde. MAURICE.

Poursuivez.

GUILLAUME.

« Au grand Henri.... » J' serions bian curieux de le voir ; car y disons comme ça qu'il est si bon.... Oh ! not' Roi nous rendra heureux. Ils ont beau faire : il est jeune ; on peut s'y attendre.... Hum ! hum ! « Pour m'attacher da-
» vantage ce nouvel ami, j'ai résolu de lui faire
» épouser ma fille, après la guerre terminée....»
Oh ! oh ! vlà le hic. (*Il remet son chapeau*)
　« Les services que m'a rendus Maître Guil-
» laume, notre voisin, & l'obligation que j'ai
» à ton fils Charles de m'avoir sauvé la vie,
» auroient pu n'engager à lui donner Laurence ;
» mais comme il y a de lui à moi une trop grande
» distance.... » J' sommes voisins.... « Une
» trop grande distance.... » Ah ! ah ! j'entén-
dons. « J'ai cru devoir lui préférer mon ami,
» qui est bien fait de sa personne, riche, noble,
» & fait pour aller à tout.....» Tant mieux
pour lui.

　« D'après ce nouveau plan, ma femme, je
» crois inutile de vous dicter la conduite que
» vous devez tenir avec Charles, & ma fille con-
» noît trop ses devoirs pour l'écouter davantage.
» Je vous embrasse toutes deux. MAURICE.

CHARLES.

Eh bien, mon pere, qu'en dites-vous ?

GUILLAUME.

Parguenne ! M. Maurice nous joue-là un sin-
gulier tour, avec ses idées de noblesses qui l'y
font venues tout de suite.

Mde. MAURICE.

Croyez, mon cher voisin....

GUILLAUME.

Y paroissoit ly même si content de st'union,
& lorsqui s'aimont tous deux, queu guiable !
faut-il pour eune chimere ?.... Car enfin c'en est
eune, à bian prendre.

Mde. MAURICE.

M. Guillaume, ne dites pas cela ; la nob'esse
est une chose bien bonne en elle-même , &....

GUILLAUME.

Excellente encore , si vous voulez ; mais accoutez, voiseine, y ne faut pas s'émaginer que,
parce qu'ia des laboureux qui dégradons leux
professions , l'état en soit moins honorable ni
moins honoré ; & tenez ! nous raplons d'un trait
que j'ons lu dans un gros livre, où qui disiont
que des Romains sont venus chercher un laboureux pour batte leux ennemis, & qu'après qui
leux eut bien baillé le tour, y vint se remette
tout fin dret à sa charrue. M'est avis pourtant
que stila n'étoit pas nobe ; & qu'il en valoit
bian un aute : tant y a que ceux qui travaillont
à nourrir les hommes , valont bian ceux qui
s'occupont à les détruire. Qu'en dites - vous ,
voiseine ?

Mde. MAURICE.

Vous avez bien raifon ; mais.... (*On frappe*).

GUILLAUME.

Mais , mais...... J'ons entendu frapper, je crois ? (*A Madame Maurice.*) Non , reftez.... Charles....

CHARLES *allant ouvrir.*

Oui, mon pere , je vais ouvrir.

LAURENCE *courant aprés Charles.*

Je vais voir auffi qui ce peut être.

Mde. MAURICE.

Nous n'attendons perfonne.

LAURENCE *accourant.*

Maman, ce font des Officiers de l'armée.

Mde. MAURICE.

Eh bien, ma fille ?... (*Faifant des révérences aux Officiers.*) Meffieurs faites-nous l'honneur d'entrer , s'il vous plaît.

SCENE V.

HENRI , BIRON , SANCY , GUILLAUME, CHARLES , Mde MAURICE , LAURENCE.

HENRI.

Voulez-vous bien permettre, Mesdames, à des Officiers accablés de fatigue, de venir vous importuner , & vous demander retraite pour cette nuit ?

Mde. MAURICE.

Vous m'honorez beaucoup , Messieurs ; mais je suis seule ici avec ma fille , & pendant l'absence de mon mari. . . .

HENRI.

Vous n'avez rien à craindre de notre part, Mesdames, je vous le garantis ; tout brave militaire doit & sait respecter les droits de l'hospitalité.

BIRON.

Nous avons l'honneur de servir dans l'armée de Sa Majesté.

Mde. MAURICE.

Dans ces tems malheureux de guerre & de ligue, on ne connoît pas. . . . Pardonnez. . . .

HENRI.

Vous ne nous offenfez point, ma chere dame.

Mde. MAURICE.

J'en ferois au défefpoir.... Allons, Charles, ma fille, donnez des fieges à ces Meffieurs.

HENRI, *bas à fes amis.*

Mes amis, gardez-vous de me découvrir.

BIRON *bas.*

Sire, vous ferez obéi.

CHARLES, *après avoir donné des fieges aux Officiers, dit à Laurence:*

Et voilà la tienne. (*Il veut la faire affeoir*)

LAURENCE.

Ah, Charles ! quand il y a des étrangers, cela n'eft pas poli.

GUILLAUME, *après avoir confidéré Henri, à part.*

Vlà des phifolomies qui ne font pas ordinaires.

HENRI *& les deux Officiers affis.*

Il eft nuit, nos chevaux font rendus, & nous n'avons pu continuer notre route.

Mde. MAURICE.

C'eft un petit malheur, Meffieurs ; tout ce qui me fâche c'eft que vous êtes tombés dans une mauvaife auberge.

HENRI.

HENRI.

Qu'appellez-vous mauvaise ? Quant à moi, je ne la juge pas telle, puisque vous l'habitez, Mesdames. Il est vrai qu'il n'y a pas trop de sûreté ici pour son cœur.... C'est sans doute à vous ce bel enfant ?

Mde. MAURICE.

Oui, Monsieur, c'est ma fille ; elle aura quinze ans bientôt.

SANCI.

Quinze ans !

HENRI.

Charmant âge ! n'est-ce pas, mes amis ?

BIRON.

Sans doute.

LAURENCE, *en faisant la révérence.*

Vous êtes trop civils, Messieurs.

HENRI *gaiement.*

Ma foi, celui qui en est aimé doit se trouver bien heureux !

CHARLES *le remerciant vivement.*

Oui, Messieurs, je sens tout l'excès de mon honheur.

HENRI.

Ventre saint-gris ! je me suis déjà douté que c'étoit vous, Monsieur : je vous en félicite ; mais il faut aussi la rendre heureuse.

C H A R L E S *vivement.*

Ah, si jamais Laurence me rend b'en justice !...

H E N R I *se levant.*

Pardon, Mesdames, j'apperçois que vous êtes debout.

Mde. M A U R I C E.

Restez, je vous en prie...

H E N R I.

Et ces Messieurs ?

G U I L L A U M E.

Oh ! ne prenez pas garde à nous, Monsieux ; j'sommes presque de la maison. (*à part*). Comme il est honnête pour un Officier ! On voit bian qu'il est au service de not' bon Roi.

Mde. M A U R I C E.

Y a - t - il long - tems que vous avez quitté l'armée ?

S A N C I.

Non, Madame.

B I R O N.

Des Officiers ne peuvent gueres s'absenter.

G U I L L A U M E.

Messieux, où pourriez connoître l'époux de Madame ?

S A N C I.

Que vous nommez ?

Mde. MAURICE.

Maurice, pour vous servir.

HENRI.

Si nous le connoissons, ventre-saint-gris ! je le crois bien ; c'est un brave homme, un bon camarade. . . . Oh ! nous sommes amis.

BIRON.

Je suis charmé de cette rencontre.

SANCI.

Nous voici en pays de connoissance.

HENRI *gaiement.*

Le compere ! il ne m'avoit pas dit qu'il eût un aussi joli bijou. (*Montrant Laurence.*) Oh! je veux lui en faire des reproches.

BIRON.

Par ma foi, le hasard nous sert bien aujourd'hui.

Mde. MAURICE.

J'ai bien peur que vous n'ayez lieu de vous en plaindre : mais , en faveur de mon mari, Messieurs, vous aurez la bonté d'excuser, si je ne vous traite point comme je le voudrois, & comme vous le méritez.

HENRI.

Point de façons avec nous, je vous prie, madame Maurice, point de façons. C'est déjà

bien affez que vous nous donniez le couvert ;
ainfi nous mangerons ce que vous aurez.

Mde. MAURICE.

Vous pouvez être sûr au moins que le peu
que je vous donnerai, vous fera offert de bien
bon cœur.

HENRI *fouriant*.

Voilà le principal, ma chere dame ; & c'eft
toujours à quoi je regarde.

GUILLAUME *à part*.

Queu grace y met dans tout ce qui dit,
ft'homme-là !

Mde. MAURICE *montrant la porte du fond*.

En attendant, Meffieurs, fi vous voulez paffer
là dedans, vous y trouverez du feu.

HENRI *fe levant*.

Je le veux bien ; cela ne fera pas de trop.

SANCI.

Quand on a marché....

BIRON.

Les foirées de Marse font froides.

Mde. MAURICE *paffant devant eux avec une lumiere*.

Permettez. (*A Guillaume*). Mon voifin, vous
ne vous en irez pas que je ne vous aie parlé.

GUILLAUME.

Non, voifeine, non ; allez, ne vous gênais
pas. (*Il fait des faluts aux Officiers*).

SCENE VI.

LAURENCE, CHARLES, GUILLAUME.

CHARLES.

Voila, je crois, les mêmes Officiers que
j'ai trouvés en chemin.

GUILLAUME.

Oui ? Eh bian, je parie qu'ou ne les connoif-
fais pas.

LAURENCE.

Non.

GUILLAUME *riant.*

Eh bian, morgué ! ni moi non pus.

LAURENCE.

Ce font sûrement des Officiers de mérite,
M. Guillaume ? Il y en a un fur-tout qui me
regardoit souvent, qui paroît fi bon, fi honnête, fi gracieux.....

CHARLES, *avec le plus vif intérêt.*

Je ne fais pourquoi, mais fon air m'infpiroi^t
à moi une certaine vénération, un refpect que
je ne fentois pas pour les deux autres.

GUILLAUME.

Lequel est-ce des trois?

CHARLES.

C'est celui qui porte un panache blanc, mon pere. N'est-ce pas, Laurence?

LAURENCE.

Justement.

GUILLAUME.

C'est vrai, au moins. Il a eune meine.... un air.... Enfin, il me plaît itou, comme à vous.... A propos, Charles, va-t-en cheux nous, & baille un coup d'œil à not' souper.

CHARLES.

Mais, mon pere, c'est que je voulois dire à Laurence....

GUILLAUME.

Allons, allons, tu jaseras demain. Tourne-moi les talons.

CHARLES *s'en allant avec peine & tristement.*

Adieu, mon pere, adieu, Laurence.

LAURENCE *tristement.*

Adieu, Charles.

GUILLAUME.

Adieu, Charles, adieu, Laurence. Fais-moi le plaisir de décamper.

*(Charles sort lentement , en regardant Laurence , qui
ne le quitte pas de vue).*

SCENE VII.

Les Mêmes , excepté CHARLES.

LAURENCE.

POURQUOI donc , M. Guillaume , le ren-
voyez-vous si vîte ?

GUILLAUME.

Ne l'avez-vous point entendu ? Pour voir si
j' souprons biantôt.

LAURENCE.

Mais , M. Guillaume....

GUILLAUME.

Eh bian ? ....

SCENE VIII.

Les Mêmes , Mde. MAURICE.

Mde. MAURICE.

MA fille , allez un peu là dedans aider à votre
gouvernante , pendant que je vais parler au voisin. Entendez-vous ?

LAURENCE.

Oui, maman, soyez tranquille. (*Elle sort*).

SCENE IX.

Mde MAURICE, GUILLAUME.

Mde MAURICE.

JE suis bien fâchée, mon voisin, de vous avoir fait attendre ; mais quand on a du monde chez soi....

GUILLAUME.

Oui, oui, voiseine, c'est juffe ; gnia pas de mal à ça.

Mde. MAURICE.

Ce n'eft pas tout, mon voisin. Vous me voyez dans le plus grand embarras : ces Meffieurs me paroiffent avoir bien faim, & je n'ai rien à leur donner. Cependant, comme ils font amis de mon mari, je ne puis me difpenfer de les recevoir.

GUILLAUME.

Accoutez, voifeine, malgré la lette de vot' mari, je n' vous en voulons pas, & pour vous le prouver, j'allons faire apporter ici ma dinde toute rôtie ; j'y joindrons même eune falade, & queuque p'tite chofe itou.

Mde. MAURICE.

Ah ! voiſin, vous me rendez-là un grand ſer-
vice.

GUILLAUME.

C'eſt de bon cœur ; allons , j' ſouprons trétous enſembe.

Mde. MAURICE *embarraſſée.*

Je le veux bien.. .. mais. ...

GUILLAUME.

Quoi , mais. ...

Mde. MAURICE.

Ces Officiers. ...

GUILLAUME.

Eh bian , quoi ce que c'eſt ? ...

Mde. MAURICE.

Aſſurément , voiſin , j'ai beaucoup de plaiſir
à manger avec vous , mais. ...

GUILLAUME.

Mais , mais ; je n' vous entendons point avec
vos mais.

Mde. MAURICE.

C'eſt que ces Meſſieurs. ... Je ne connois pas
leur humeur , & ils pourroient bien ſe formali-
ſer. ...

GUILLAUME.

De me voir manger avec eux , n'eſt ce pas ?

Mde. MAURICE.

Je dis, voisin. ...

GUILLAUME.

Oh, je dis, je dis ! Non, vous ne dites pas : mais ou voudriez bian me dire que j' vous donnions not' souper, & que j' restions cheux nous : vlà une heure qu'ou tournez autour du pot pour me faire ce biau compliment. Accoutez, voiseine, vous croyez que tout le monde est comme vot' mari , qu'il avons des préjugés ; mais, morguenne ! apprenez qu'un laboureux honnête homme peut être admis à la table d'un Roi.

Mde. MAURICE.

Ne vous fâchez pas , M. Guillaume, je vous en prie.

GUILLAUME.

Non , je n' me fâchons pas ; mais, morgué ! voiseine, je sommes un tantinet surpris de vot' proposition, voyez-vous ?

Mde. MAURICE.

Croyez, mon cher voisin , que s'il n'y avoit que moi. ...

GUILLAUME.

Je croyons tout ce qu'ou voudrez ; mais avec vot' permission , j' gardrons ma dinde , d'abord

Mde. MAURICE.

Quoi ! vous me refuserez ?...

GUILLAUME.

Non. J' tiendrons prêt ce que je vous ons dit, à condition que j'en viendrons manger not' part : c'eſt bian juſte, ce me ſemble. Faites entendre ça, ſi vous pouvez, à ces Meſſieux ; ma dinde eſt à ce prix. J' ſommes vot' ſarviteur, voiſeine. (*Il ſort.*)

SCENE X.

Mde. MAURICE *ſeule.*

IL ſort & me laiſſe dans l'embarras : comment m'y prendre pour en ſortir ?... Voilà l'heure du ſouper..... C'eſt la premiere fois qu'il lui arrive de me déſobliger.... Je conſentirois du meilleur de mon cœur ; mais ces Officiers ſûrement ſe trouveroient choqués.... Un payſan manger avec eux !

SCENE XI.

Mde MAURICE, HENRI.

HENRI *ſortant de l'Appartement.*

COMMENT, ma chere dame, c'eſt pour reſter ſeule ici, que vous quittez notre compagnie ?

Mde. MAURICE *embarraſſée.*

Je vous prie de m'excuſer, Monſieur, mais... c'eſt que.... Avez-vous encore froid ?

HENRI.

Non, parbleu ! Il y a là dedans un feu à faire reculer.... Mais qu'eſt-ce donc, ma chere dame, vous paroiſſez inquiette ?

Mde. MAURICE.

Point du tout, Monſieur.

HENRI.

Vous cauſerions-nous quelque embarras ? Vous me paroiſſez ſoucieuſe. Parlez-moi librement, & ſoyez ſûre que mon intention n'eſt pas de vous gêner.

Mde. MAURICE *héſitant d'abord.*

Puiſque vous le voulez, Monſieur, je vous avouerai franchement l'eſpece d'embarras où je me trouve. C'eſt aujourd'hui fête, & pour peu que vous connoiſſiez la province, vous ne ſerez point étonné de la peine où je ſuis de vous donner à ſouper, comme je le deſirerois.

HENRI.

Quoi, ce n'eſt que cela, ma bonne dame?

Mde. MAURICE.

Vous m'en voyez déſeſpérée.... Un de mes voiſins m'avoit invitée à manger ce ſoir chez lui une excellente dinde....

HENRI.

Et nous vous retenons ?

Mde. MAURICE.

Il confent bien à me la céder , mais il en veut manger fa part.

HENRI.

Eh bien ?

Mde. MAURICE.

Cette condition me paroît d'autant plus dure , que je n'oferois l'admettre à votre table.

HENRI.

Pourquoi ? Quel eft cet homme ?

Mde. MAURICE.

C'eft un laboureur, ce voifin que vous avez vu ici.

HENRI *vivement.*

Un laboureur ! Madame , il ne faut par mé- prifer ces gens-là : ce font nos peres nourriciers; je les ai toujours aimés tendrement.

Mde. MAURICE.

Celui-là , Monfieur , eft un parfait honnête homme , à qui nous avons de grandes obliga- tions , & dont le fils a fauvé la vie à mon époux. D'ailleurs c'eft le payfan le plus gai & le plus inftruit du canton , très-zélé royalifte , & fort bien dans fes affaires.

HENRI, *en riant.*

Oh ! qu'il vienne , Madame , qu'il vienne ;
je me sens un grand appétit , & quand il ne
seroit pas ce que vous dites, il vaudroit encore
mieux souper avec lui , que de ne pas souper
du tout.

Mde. MAURICE.

Je vais donc lui dire de venir.

HENRI.

Je suis fâché de votre peine ; mais allez vite
le chercher.

Mde. MAURICE.

Il sera ici dans l'instant.

SCENE XII.

HENRI *seul.*

QUI, moi ? je refuserois de partager le souper
d'un honnête laboureur , d'un brave citoyen ?
Non. Jamais je n'écarterai de ma personne ceux
qui en sont les premiers soutiens. Je voudrois
pouvoir admettre tout mon peuple à ma table.
(*Avec chaleur.*) Oui, François, loin de vous
éloigner, Henri voudroit s'environner de tous vos
cœurs , les fixer près de lui, & vous montrer,
dans votre Roi , un pere sensible & tendre,
empressé d'assurer le bonheur de ses enfans.

SCENE XIII.

BIRON, HENRI, SANCI.

(Toute cette Scene doit être jouée bas.)

BIRON.

AH, Sire ! vous voilà : je craignois que vous ne fuffiez forti.

HENRI.

Où voudrois-tu que j'allaffe, mon cher Biron ?

BIRON.

Nulle part, Sire ; vous êtes bien ici : ce féjour eft digne de votre confiance, & vous pouvez y demeurer fans crainte. Mais j'y ai été fi fouvent pris ! Au moment où je vous croyois tranquille, combien de fois la France n'a-t-elle pas vu fon Souverain aller feul s'expofer au danger ! Pourriez-vous nous blâmer, Sire, des foins que nous prenons pour vous garantir des pieges de vos ennemis ? Non, votre cœur m'en eft un sûr garant ; & votre amour pour vos fideles fujets nous autorife, tous tant que nous fommes, à veiller à votre confervation.

HENRI.

Voilà bien le langage de l'amitié ! Mais chut, mes amis.... Ne me nommez pas ; on pour-

roit vous entendre........ Nous nous sommes
adressés à de braves gens.

BIRON.

Vous êtes, Sire, chez un des meilleurs Officiers de votre armée.

HENRI.

Ventre-saint-gris ! je le récompenserai comme
il faut de la bonne réception que son épouse
nous a faite. M. le Maréchal , si je l'oubliois ,
je vous prie de m'en faire ressouvenir.

SANCI.

Sire, lorsqu'il s'agit de faire le bien , on n'a
pas besoin de vous le rappeller.

HENRI les prenant sous les bras.

Mes amis, nous avons bien examiné le camp
de M. de Mayenne ; j'ai un pressentiment qu'il
sera battu complettement.... Ces perfides Ligueurs ! sans eux, je serois dans ma capitale,
entouré de mes braves Parisiens. Ah !.... mais
on vient ; finissons cette conversation.

SCENE

SCENE XIV.

Les Précédens, G U I L L A U M E,
Mde. M A U R I C E.

Mde. M A U R I C E *à Henri.*

MONSIEUR, voilà mon voi'in qui a l'honneur
de vous faluer.

H E N R I *à Guillaume.*

Monfieur, Mde. Maurice m'a dit que vous vou-
liez bien partager votre fouper avec nous ; je vous
en remercie fincérement.... Mettez votre chapeau, Monfieur, fans façon ; nous fommes de
bonnes gens, tout unis.

G U I L L A U M E, *après plufieurs faluts.*

J' nous flattions, Monfieur, en invitant ces
dames, d'avoir ce foir belle compagnie ; mais,
morguenne ! à préfent j' pourrons nous vanter
que j' l'aurons belle & bonne.

H E N R I.

Je ne m'attendois point à ce compliment. Vous
montrez de l'efprit.

G U I L L A U M E.

Oh, j'avons un gros bon fens pour me guider.
M'eft avis que c'eft bian affez pour nous autres

gens de campagne, à qui on refuse souvent juſqu'à l'inſtinct.

HENRI.

Ils ont tort aſſurément. Vous êtes un gaillard, à ce qu'on m'a dit. Comment vous nomme-t on ?

GUILLAUME.

J'ignorons queu nom porteront mes deſcendans ; mais, quant à moi, y m'avons toujours appellé Guillaume Lemenu, laboureux de pere en fils, honnête homme, bon vivant, bon françois, & vlà tous mes titres.

HENRI *riant*.

Ils ſont bien valables. Eh bien, M. Guillaume Lemenu, je veux que nous cauſions enſemble.

GUILLAUME.

Volontiers, Monſieur, j' ne ſommes pas homme à reculer dans une partie d'honneur.

Mde. MAURICE.

Oui, cauſez un peu, Meſſieurs ; auſſi bien cela nous donnera le tems de mettre la table.

GUILLAUME.

Ma voiſeine, Charles va venir tout-à-l'heure.

Mde. MAURICE.

C'eſt pour cela qu'il faut ſe dépêcher. (*Elle appelle.*) Laurence ? Laurence ?

LAURENCE *arrivant*.

Maman.

Mde. MAURICE.

Viens m'aider à mettre le couvert, ma fille.

BIRON.

Nous allons vous prêter la main, nous autres,
ma chere dame.

Mde. MAURICE.

Non, Messieurs, je vous en prie, restez.

SANCI.

Parbleu ! nous vous aiderons ; il n'est pas juste
que vous ayez toute la peine.

Mde. MAURICE.

En ce cas, Messieurs, veuillez passer dans cet
appartement. (*Montrant la porte du fond.*) Ap-
porterons-nous la table ici ?

HENRI.

Oui, oui : il fait trop chaud là dedans.

(*Madame Maurice & les Officiers entrent.*)

SCENE XV.

HENRI GUILLAUME.

HENRI.

Aurons-nous du vin, M. Guillaume?

GUILLAUME.

Et du bon, je vous en répondons.

HENRI.

Tant mieux ! tant mieux ! Asseyons - nous, M. Guillaume.... Allons, point de façon, vous dis-je, prenez une chaise.

(*Ils s'asseyent, Guillaume un peu loin de Henri.*)

GUILLAUME *assis.*

Vous aimez donc le bon vin, Monsieur ? Vous avez bian raison, parguenne ! C'est une bonne qualité, celle-là ! Alle me rappelle toujours une certaine chanson que défunt not' Balli m'a apprise. Ah, dame ! il l'avoit composée ; il connoissoit la Cour ; il avoit été....

HENRI.

Eh bien; M. Guillaume, en attendant le souper, régalez-moi de cette chanson.

GUILLAUME.

J' vous la chantrions avec bian du plaisir,

ſi j' n'avions que vingt ans ; mais , tatigoi ! dans
ma jeuneſſe , j'avons chanté ſur tant d'airs différens , que j'ne pouvons plus chanter ſur aucun.
Stapendant , pour vous en dédommager , j'allons
vous dire les paroles de ſte chanſon.

H E N R I.

Volontiers. Je vous écoute. (*A part.*) La
gaité de cet homme me plaît infiniment.

G U I L L A U M E.

Accoutez donc bian , vlà que j'y ſommes :
c'eſt la chanſon qui parle.

> Si jamais j'étions Roi ,
> Je voudrions à note table
> Avoir ſans ceſſe près de moi
> Un bon buveur aimable ;
> C'eſt un ami , morgué ! ſincere & véritable.
> Au lieu que dans les Cours
> J' voyons régner toujours
> La noire jalouſie ,
> L'affreuſe calomnie ,
> La folle ambition ,
> La ſombre & pâle envie.
> Y ſe boutons trétous toujours en faction
> Pour tourmenter la vie
> D'un pauvre Roi ſenſible & bon.
> Mais , morgué ! le buveur , toujours plein de franchiſe ,
> N'écoutant point leux loix ,
> Dans l'oreille des Rois
> Boute la vérité , qu'un flatteux l'y déguiſe.

Eh bian ! qu'en dites-vous , Monſieur ?

C 3

HENRI.

Cela eſt fort bon , M. Guillaume ; mais un Roi, croyez-moi, peut ſe paſſer d'un tel homme, lorſqu'il cherche lui-même à s'inſtruire , & qu'il a auprès de lui tous ſerviteurs zélés.

GUILLAUME.

C'eſt bian dit : mais croyez-vous , Monſieur, que tous ceux-là qui ſont à l'entour d'un Roi, l'y ſont trétous fideles ?

HENRI *vivement.*

Non , ſans doute. (*gaiement.*) Mais ſi vous étiez Roi , M. Guillaume , comment vous y prendriez-vous pour n'êrre pas dupe de ceux qui vous entoureroient ?

GUILLAUME.

Comment j' nous y prendrions ?... Parguenne ! Monſieur , j' ferions comme j'ons toujours fait avec nos garçons de charrue ; je boutrions à la porte ceux qui nous parleroient ſans ceſſe de nos bonnes qualités , & j' garderions ceux qui nous reprocherions toujours nos ſottiſes.

HENRI *frappé d'étonnement.*

Fort bien , M. Guillaume , fort bien.

GUILLAUME.

Oh !... Mais, Monſieur, piſque vous appar-tenez à not' bon Roi Henri , donnez-nous un peu de ſes nouvelles. Comment ſe porte-t-il, ce cher homme ?

HENRI.

A merveille , & travaillant fans ceffe pour affurer à jamais la tranquillité & le bonheur de fes fujets.

GUILLAUME.

Morguenne ! fes droits au trône font fûrs ; mais y n'en auroit aucuns , qu'on devroit l'y placer , tant feulement à caufe de fa bonté & de fa bienfaifance. N'eft-ce pas, Monfieur ?

HENRI *attendri.*

Vous lui êtes donc bien attaché , M. Guillaume ?

GUILLAUME.

Si j' l'y fommes attaché ! ah, non-feulement c'eft un devoir, mais, pour tout bon François , c'eft un plaifir, c'eft un befoin !... Oh, tatigoi ! fi j' favions qu'il manquât de queuque chofe, j' vendrions tout not' avoir , j' l'y en porterions l'argent, & j'li dirions feulement : *not' Maitre , j' vous recommandons mon fils Charles.*

HENRI *à part, avec attendriffement.*

Quelle douce jouiffance pour mon cœur ! (*haut.*) M. Guillaume, vous êtes un bien brave homme.

(*Biron & Sanci apportent la table , Madame Maurice & Laurence placent les chaifes.*)

LAURENCE.

Voilà la table & le couvert mis ; fi Charles venoit.....

GUILLAUME.

Le vlà tout fin dret ; boutons vîte tout ça
fus la table.

(*Il pofe fur la table une dinde , une falade , un
fort plat d'entrée , & quatre plats de deffert.*)

SCENE XVI.

Les Précédens , **CHARLES**, Garçons
qui apportent le fouper.

CHARLES *pofant fur la table quatre bouteilles
de vin qu'il tient à fes mains.*

PRENEZ garde , mon pere ; tout eft bien
chaud.

GUILLAUME.

C'eft bian le meilleur , morgué ! C'eft bon ,
garçons ; allez.

Mde. **MAURICE** *à Henri.*

Monfieur, placez - vous là , enire ces deux
Meffieurs.

HENRI.

Mais vous, ma chere dame....

Mde. **MAURICE.**

Je trouverai ma place. Toi, Laurence, mets-
toi là ; & Charles....

G U I L L A U M E.

Charles se mettra à côté de vous, voiseine.

B I R O N *vivement.*

Pourquoi séparer ces chers enfans ? ils s'entendent si bien !

G U I L L A U M E.

Y faut que Charles s'y accouteume.

H E N R I *vivement.*

Pourquoi donc ?

G U I L L A U M F.

Parce que M. Maurice veut à présent marier sa fille à un nobe.

H E N R I.

Et cela les contrarie, n'est-ce pas ?

L A U R E N C E & C H A R L E S.

Oh ! oui, Monsieur, beaucoup.

H E N R I.

Charles, mettez-vous à côté de Laurence. M. Maurice est notre ami, & nous lui ferons entendre raison.

G U I L L A U M E *s'asseyant.*

Oh ! c'est difficile. Il est bian entêté.

H E N R I *regardant les plats.*

Vous n'aviez rien qu'une dinde grasse à nous donner, disiez-vous, & voilà je ne sais com-

bien de mets.... C'eſt du ſuperflu, par exemple , M. Guillaume.

GUILLAUME.

Gnia jamais rian de trop , quand on le baille
de bon cœur..., Voiſeine , voulez - vous que
i' faſſions les honneurs de chez vous ?

Mde. MAURICE.

Vous m'obligerez , M. Guillaume.

GUILLAUME *coupant le pain.*

Commençons donc par couper du pain.....
Eh bian , Charles , verſe donc à boire à ces
Meſſieurs ; faut tout te dire.

CHARLES.

Pardon , mon pere , je n'y ſongeois pas.

GUILLAUME.

Ah ! quand il eſt à côté de mam'zelle Laurence , i ne voit plus qu'elle.

CHARLES *à Henri.*

Monſieur, voulez-vous bien permettre.....
Meſſieurs.... Madame Maurice...

SANCI *prenant une bouteille.*

Ayez ſoin de votre belle voiſine , M. Charles,
je vais ſervir Madame Maurice.

CHARLES.

Et vous, mon pere ?

GUILLAUME.

Donne, mon ami.

CHARLES.

A toi, Laurence.

LAURENCE.

Pas encore, Charles.

HENRI.

Vous ne voulez pas boire avec nous, belle
Laurence ?

LAURENCE.

Je vais avoir cet honneur.

HENRI *s'avançant le premier.*

Messieurs, je vous porte la santé de Madame
Maurice.

GUILLAUME.

Un moment, s'il vous plaît, un moment. J'ons
toujours pour accoutumance, quand j' nous boutons à table, de commencer par boire à la santé
du bon Henri. Faites comme nous, Messieurs.

BIRON & SANCI.

Volontiers, M. Guillaume.

GUILLAUME.

Allons, à la santé de not' bon Roi. (*Tout*
le monde choque.) Goûtez-moi ça, morgué ! &
vous m'en direz des nouvelles. (*On boit.*)

HENRI.

Vous ne nous avez pas trompés , M. Guillaume ; le vin eſt excellent.

GUILLAUME.

Quand j' vous le diſions. Défrichons ça , à
ſt'heure. (*Il découpe la dinde.*)

HENRI.

Voilà une dinde qui fait plaiſir à voir.

GUILLAUME.

Et à manger donc. .... Tenez , Monſieur ,
Commencez par là.

HENRI.

Servez donc ces dames.

GUILLAUME.

Patience , alles auront leux tour.... A vous ,
Meſſieurs.... Tenez , voiſeine....

Mde MAURICE.

Et vous ?

GUILLAUME.

J' nous oublierons pas p'tête..... A vous ,
mes enfans.... (*Il ſe ſert.*) J' ſommes tous ſar-
vis , mangeons.

(*Silence général.*)

HENRI *mangeant.*

J'ai aujourd'hui un appétit , mais un appétit...

BIRON.

Ce feroit dommage de n'en point avoir.

HENRI.

Oui ; car c'eft excellent.

GUILLAUME.

Tant mieux. Mais, Charles, t'as donc envie que nous étouffiffions ? Varfe donc à ces Meffieurs, je m'en vais me varfer à moi.

HENRI.

M. Charles, n'oubliez pas votre voifine.

LAURENCE.

Vous êtes trop bon de vous en occuper, Monfieur.

GUILLAUME.

Y feroit beau voir qu'il oubliît fa maîtreffe !.... Si c'étoit fa femme , ça ne feroit p'tête pas fi étonnant. Ah ! ah ! ah ! (*Il rit.*)

HENRI.

Toujours le petit mot pour rire , M. Guillaume.

GUILLAUME.

Y faut ça , Monfieur : ça garantit des indigeffions.

BIRON *à Charles ,qui n'eft occupé que de Laurence.*

Quel plaifir d'être près de ce qu'on aime ! n'eft-ce pas , M. Charles ? On ne peut pas mieux employer fon tems.

CHARLES.

Pardonnez-moi, Monsieur.

BIRON.

Eh, comment ?

CHARLES *avec feu.*

En servant sa patrie & son Roi. Ce fut toujours mon envie.

HENRI *vivement.*

Elle est noble , & je vous en loue ; mais il faut s'éloigner de ce qu'on aime.

CHARLES *avec sentiment.*

S'en éloigner ainsi, c'est se rendre plus digne d'en être aimé & de l'obtenir.

GUILLAUME.

A merveille ! Charles, j' souhaitons que tous les jeunes gens qui sont au service de not' bon Roi, pensions de d'même, y se battrons, morgué ! comme des lions.

BIRON.

Nous lui ferons part des vœux que vous formez pour lui, M. Guillaume.

GUILLAUME *vivement.*

Gardez-vous-en bian, Monsieur ; j' l'aimons de toutes nos forces , mais j' ne voulons pas qu'on li dise ; y nous prendroit p'tête pour nu flatteux de la Cour.

H E N R I *en riant.*

Il me paroît, M. Guillaume, que vous n'aimez pas beaucoup les grands Seigneurs. Ce font
cependant des hommes comme vous.

G U I L L A U M E.

Nannin! nannin! gnia en a bian queuques-uns
dans le nombe qui penfons comme nous : mais
ceux-là font pus aifés à compter que les autres.
Mais ne parlons pus de ça.... Allons, Mam'zelle
Laurence, vous qu'avez une voix de linotte,
chifflez-nous un p'tit air, pour amufer la compagnie.

L A U R E N C E.

Moi, M. Guillaume ?

H E N R I.

Je vous en prie, ma belle enfant ; me re-
fuferez-vous cette grace ?

L A U R E N C E.

C'eft trop peu de chofe pour en être une.

G U I L L A U M E.

Eh bian, chantez donc, ne foyez point hon-
teufe ; j'allons battre la mefure, nous ; ça vous
farvira d'accompagnement.

H E N R I.

Nous voilà prêts à vous entendre.

(*On frappe très-fort, à coups redoublés.*)

Mde. MAURICE *avec effroi.*

Eh, bon Dieu ! qui frappe si fort, à cette heure ?... Si c'étoit quelqu'un de la Ligue ?

HENRI *se levant avec une colere concentrée.*

De la Ligue ?... Permettez-moi de les recevoir, Madame.

GUILLAUME *fermement.*

Restez, Monsieur. Charles, accompagne madame Maurice. S'il faut du secours, j'y serons bientôt.

(*Madame Maurice prend une lumiere ; Charles & Laurence l'accompagnent ; Henri, Biron & Sanci remontent le Théâtre, comme prêts à courir au secours de Madame Maurice. Ils ont la main sur la garde de leurs épées, Guillaume est armé d'une chaise ; ce qui doit faire tableau.*)

CHARLES *accourant gaiement.*

Mon pere, mon pere, c'est M. Maurice qui arrive avec tout plein de Messieurs de l'armée.

HENRI.

Maurice ! (*Bas à ses amis.*) Mes amis, me voilà découvert. J'en suis fâché ; cela va gêner ces bonnes gens.

❧

SCENE

SCENE DERNIERE.

Les Précédens, MAURICE *suivi de plusieurs Officiers qui se rangent au fond de la Scene.*

MAURICE, *au milieu de sa femme & de sa fille, ayant l'air de continuer sa conversation.*

Nous attendions Sa Majesté ce soir, vous dis-je, & toute l'armée est dans la plus grande inquiétude.

Mde. MAURICE *montrant Henri & ses compagnons.*

Ces Messieurs vous en donneront peut-être des nouvelles.

HENRI *se tourne en riant du côté de M. Maurice.*

M. Maurice....

MAURICE *vivement.*

Que vois-je !.... le Roi !

GUILLAUME, *qui étoit occupé à ranger la table, monte vîte sur une chaise, & pose un pied sur la table, en situation.*

Le Roi ? Ah, ventregué !

(*Voyant que le Roi a son chapeau sur la tête, il leve le sien & dit, en jettant son chapeau en l'air :*)

Vive le Roi ! vive le Roi !

D

Biron, Sanci, Maurice, Mde. Maurice,
    Charles, Laurence, *levant les mains au ciel.*

Vive le Roi ! vive le Roi !

Henri, *avec le plus grand attendriſſement.*

Demeurez, mes enfans, relevez-vous.

(*Guillaume deſcend de ſa chaiſe &'cherche à ſe cacher
    derriere les autres ;* Henri *qui l'apperçoit, dit :*)

Où allez-vous, M. Guillaume ? Approchez-
vous.

Guillaume *ſe gliſſe entre M. & Madame
    Maurice, & ſe proſterne aux pieds du Roi.*

Ah, Sire ! j' vous demandons. . . .

Henri, *avec bonté, à Guillaume.*

Levez-vous, mon ami.

Guillaume, *avec joie & ivreſſe.*

J'ai vu le Roi. (*En ſautant*). J'ai vu le Roi.

Henri.

Calmez-vous, calmez-vous.

Guillaume.

J'ai vu le Roi.

Henri.

Vous êtes un brave homme , & je me ſou-
viendrai que vous m'avez donné à ſouper.

Guillaume.

Sire, excuſez.

HENRI *vivement.*

Point d'excufes ; c'eft moi qui vous dois des remercîmens.

GUILLAUME, *les larmes aux yeux.*

Des remercîmens ? (*A part.*) Vlà, morgué ! le meilleur Roi que j'ons vu de not' vie.

HENRI.

Eh bien, M. Maurice, vous dites donc que l'armée eft en peine de favoir où je fuis ?

MAURICE.

Oui, Sire ; M. de Sulli nous a donné ordre de vous chercher par-tout. Nous étions en marche pour cela, lorfqu'à une lieue d'ici, on nous a affuré que des Officiers s'étoient arrêtés dans ce bourg. Nous y volons ; jugez de mon bonheur, puifque je trouve Votre Majefté dans ma propre maifon.

HENRI. (*Débit rapide.*)

Ma foi, mon cher Maurice, épuifés de fatigue, & mourant de faim, nous fommes entrés, à tout hafard, chez vous. Madame Maurice nous a offert fa maifon & M. Guillaume fon fouper. Nous avons accepté l'une, & l'autre, lorfque vous êtes entré ; mais, puifque mes foldats font inquiets, nous allons nous mettre en route. Cependant, M. Maurice, avant de joindre l'armée, réglons enfemble une petite affaire.

MAURICE.

Sire, Votre Ma efté peut ordonner.

HENRI *avec bonté.*

Je n'ordonne pas ; mais je vous prie de vouloir bien comentir à l'union de ces deux enfans. I's s'aiment , & ce feroit dommage de les féparer.

MAURICE *embarraffé.*

Sire....

HENRI *vivement.*

Je fais que vous voulez donner votre fille à un Gentilhomme ; mais je vous répete qu'il faut unir ces deux enfans, & en faveur de leur mariage, j'accorde des Lettres de nobleffe à M. Guillaume, & je prends fon fils à mon fervice.

GUILLAUME *vivement.*

Pardon, Vor' Majefté, pardon. J'ons toujours été honnête ; j'o s amaffé , en travaillant , affez de bian pour vivre à notre aife ; j' vous aimons de tout not' cœur, &, morguenne ! j' n'avons pas befoin de L ttes de nobleffe pour faire toujours de d'même.

MAURICE *avec entoufiafme.*

Sire , le noble défintéreffement de M. Guillaume , me détermine en faveur de fon fils , & ç'eft moi qui le demande à fon pere.

CHARLES & LAURENCE.

Quel bonheur!

GUILLAUME, *les larmes aux yeux.*

Ah! j' reconnoiſſons M. Maurice. C'eſt à préſent, Sire, que j' vous demandons, que j' vous ſupplions de nous accorder des Lettes de nobleſſe. J' n' voulons pas qu'on li reproche d'avoir fait une alliance mal aſſortie.

HENRI *gaiement.*

Je vous les accorde, M. Guillaume.... Mais quelles armes prendrez-vous?

GUILLAUME *cherchant dans ſa tête,*

Ma dinde, elle ma fait trop d'honneur aujourd'hui.

HENRI *éclatant de rire.*

Ventre-ſaint-gris! vous ſerez Gentilhomme, & vous porterez votre dinde en pal.... Mais partons, Meſſieurs, partons.... Adieu, Madame Maurice; ſuis nous, Charles: belle Laurence, à la fin de la campagne, je vous le renverrai digne de vous.

(*Charles baiſe la main de Laurence, & embraſſe ſon pere.*)

GUILLAUME *à ſon fils.*

Charles, en ſuivant not' bon Roi, n'oublie

pas que tu n'es que le fils d'un laboureux, &
souviens-toi que le premier devoir d'un Nobe est
de bailler sans cesse l'exemple des vertus.